cDv

DRESSLER

Dagmar Chidolue

JUPPI
Tapferer kleiner Tapezierer

Zeichnungen von
Gesa Denecke

Cecilie Dressler Verlag · Hamburg

Weitere Kinderbücher von Dagmar Chidolue
im Cecilie Dressler Verlag:

Millie in Paris
Millie auf Mallorca
Millie feiert Weihnachten
Millie in Italien
Pink Pätti
Pischmarie

Einband und Zeichnungen von Gesa Denecke
Gesamtherstellung: Clausen & Bosse, Leck
Printed in Germany 1996
ISBN 3-7915-0389-8

Inhalt

Juppi, Bello und der Affe

Heute ist zu Hause was los. Heute wollen Papa und Mama und Juppi tapezieren.
Juppi weiß genau, wie das geht. Ganz einfach. Tapete runter, Tapete ran, fertig ist die Laube.
Juppi weiß auch, was man nicht machen darf, wenn man tapeziert. Nicht auf die oberste Stufe der Leiter stellen! Sonst: Rums. Nicht vom Tapetenkleister naschen! Obwohl er wie Grießbrei aussieht. Nicht an die elektrischen Schalter drangehen! Auch nicht mit Papas leuchtendem Schraubenzieher. Auf keinen Fall!
Das wichtigste beim Tapezieren sind die Hüte. Sonst hat man die ganze Schweinerei in den Haaren kleben. Den Grießbrei.

Juppi faltet aus Zeitungen Papierhüte. Im Kindergarten ist Juppi Weltmeister im Hütefalten. Die fertigen Hüte werden anschließend bemalt. Am schönsten sind die roten.
»Hast du rote Farbe, Papa?« fragt Juppi. »Gib mir mal her.«
»Wozu brauchst du rote Farbe?«
Papa fragt aber doof!
»Brauch ich«, sagt Juppi.
»Heute wird nicht gestrichen«, sagt Papa. »Heute wird tapeziert.«
Na gut. Dann müssen Papa und Mama eben nackte Papierhüte aufsetzen. Juppi pappt die Ränder mit Klebestreifen fest, damit die Hüte ewig halten. Mamas Hut hat vorne einen klitzekleinen Riß. Macht nix. Kommt ein extra Pflaster drauf.
»Zwei Hüte?« fragt Mama. »Wir sind doch drei Tapezierer!«
»Ich setz Papas blauen Schlapphut auf«, sagt Juppi.

»Nein!« ruft Papa.
»Doch«, sagt Juppi. »Im Kindergarten muß ich die ganze Zeit Zeitungshüte aufhaben. Ich will endlich auch mal richtig schrecklich aussehen.«
»Laß ihn doch!« Mama ist auf Juppis Seite.
»Es ist doch nur dein Gartenhut.«
»Freundchen!« sagt Papa.
Juppi ist kein Freundchen. Er ist der fürchterliche Juppi. Damit man's weiß!
Mit seiner Bollerhose und Papas blauem Hut sieht Juppi ganz schön schrecklich aus. Der Hut verdeckt durch seinen großen, gewellten Rand Juppis halbes Gesicht. Wenn er jetzt noch eine grimmige Schnute zieht, ist Juppi der Schrecken der Prärie.
»Als erstes brauchen wir viel Platz«, sagt Mama.
»Tisch abräumen. Brot in den Kasten. Und was seh ich hier? Da ist noch ein Schluck Wein von gestern abend drin.« Sie hält Papa das Glas hin.
»Wein?« sagt Papa und schüttelt sich. »Dafür ist

es mir noch zu früh am Tag.« Er kippt den roten Wein in das Spülbecken. Juppi schnüffelt. Riecht sauer. Sticht in der Nase. Ist nicht für Kinder. Weiß Juppi doch!
»Beeilung, Beeilung«, sagt Papa und baut den Tapetentisch auf. »Wenn wir heute noch fertig werden wollen, müssen wir schnell machen. Ich hab mir doch extra frei genommen.«
»Reiß du mal die alte Tapete von den Wänden«, sagt Mama. »Ich schneide die neue zu. Vielleicht hätten wir doch die mit den Blümchen nehmen sollen?«
»Nein«, sagt Papa. »Ich steh nicht so auf Blümchen.«
»Ich eigentlich auch nicht«, sagt Mama. »Aber nur weiß? Ist das nicht zu langweilig?«
»Rot!« sagt Juppi.
»Weiß!« sagen Mama und Papa jetzt wie aus einem Mund.
Juppi zuckt mit einer Schulter. Gegen Mama

und Papa kommt er nicht an. Nur mit Trick siebzehn.
Juppi darf sein Zimmer alleine tapezieren. Na ja, fast allein. Ist ja ganz einfach. Tapete runter, Tapete ran, fertig ist die Laube.
Das Zimmer ist schon ausgeräumt. Juppi hat heute nacht ausnahmsweise bei seinen Eltern geschlafen. Das war schön. Sie haben alle zusammen das Frage-und-Antwort-Spiel »Schläfst-du-schon« gespielt. Juppi weiß nicht mehr, wann damit Schluß war.
Juppi soll zuerst die alte Tapete von den Wänden reißen. Da ist Babykram drauf zu sehen. Piepvögel und Teddybären, Quietscheentchen und Miezekatzen. Babykram!
Die neue Tapete wird toll aussehen. Rot angemalt! Dafür wird Juppi schon sorgen. Trick siebzehn!
Papa und Mama sind mit der Flurtapete beschäftigt. Sie kratzen und schaben und rücken und poltern. Damit Juppi in seinem Zimmer nicht

so alleine ist, muß sein bester Freund in der Ecke sitzen und zugucken. Juppis bester Freund ist ein Affe. Kein richtiger! Juppi wüßte ja gar nicht, was er einem echten Affen zu essen geben muß. Bananen? Und was noch?
Juppis Affe ist klein und weich und schön knuddelig. Er kann gut trösten.

Fast so gut wie Mama.
Mama sagt, Juppis Affe ist gar kein Affe. Weil er keinen Schwanz hat. Juppi weiß nicht, ob ein Affe einen Schwanz haben muß. Bei Gelegenheit wird er mal nachsehen. Im Zoo vielleicht. Wo sonst?
Juppi zupft an der alten Babytapete herum.
»Die Tapete geht gar nicht ab«, brüllt er. »Papa!«
»Versuch's mit Wasser«, sagt Papa und stellt Juppi einen Eimer mit Wasser hin. »Immer weitermachen. Tapfer bleiben, Tapezierer.«
Im Wasser liegt dick und fett wie eine Riesenraupe eine Bürste. Wenn Juppi die Bürste am Stiel packt, macht sie Geräusche.
Quietschequatscheschwappschwappschwapp. Und schwer ist sie! Juppi klatscht das Wasser an die Wand. Er kommt ins Schwitzen. Tapezieren ist gar nicht so einfach. Alles gelogen.
Juppi öffnet die Tür von seinem Zimmer nach draußen. Damit er nicht so schwitzt.
Wer kommt denn da durch den Garten geflitzt?

Na wer schon. Bello natürlich.
Bello ist Juppis zweitbester Freund.
Bello ist der Hund von Herrn Kellermann.
Eigentlich braucht Bello Herrn Kellermann gar nicht. Herr Kellermann kann sowieso nicht mehr mit Bello auf der Straße herumlaufen. Er hat ein schlimmes Bein. Und Bello darf deshalb alleine seine Runden drehen. Wofür? Dafür!
Bello weiß genau, wo er wohnt. Er läuft seine Runden und kommt danach immer brav nach Hause zurück. Zu Herrn Kellermann. Der sagt, daß Bello jeden Weg allein zurück nach Hause findet. Manchmal besucht er auch Juppi. Wie jetzt, zum Beispiel.
Bello sieht aus wie kein anderer Hund auf der ganzen Welt. Er ist braun. Ein bißchen dunkelbraun und ein bißchen mittelbraun. Mehr mittelbraun. Füße, Beine, Kopf und alles. Auch der Schwanz. Auf dem mittelbraunen Rücken hat Bello links und rechts einen schwarzen Flecken.

Es sieht aus wie ein Sattel. Aber man kann auf Bello nicht reiten. Er ist ein Hund und kein Pferd! Bello kommt ins Zimmer gestürmt. *Hähä, hähä,*

hähä macht Bello. Das heißt: *Ich freue mich, dich zu sehen.* Also, eigentlich heißt es: *Ich bin vor Freude ganz aus dem Häuschen, dich zu sehen.* So!

Juppi versteht immer, was Bello sagt.

Hundesprache! In Hundesprache unterhalten sich Hunde.

Hundesprache ist ganz einfach, leichter als tapezieren!

Soll Juppi mal erklären, wie die Hundesprache geht? Na gut.

Also, *hm,* nach oben gemiepst, heißt: *Was soll das denn werden?* Aber *hm,* nach unten gemiepst, heißt: *Kümmere dich um deinen eigenen Kram.* Oder *hmhm*, nach oben gemiepst: *Bist du sicher, daß du das Richtige tust?* Und *hmhm*, nach unten gemiepst: *Das ist verdammt gefährlich.*

Ganz einfach ist *wuff* und *rrrr: ja* und *nein.*

Ouuu heißt: *Ich an deiner Stelle würde die Pfoten davon lassen.*

Huhu soll heißen: *Ich habe Schiß*. Dreimal Geheul, also *huhuhu*, bedeutet: *Ich habe Mordsschiß.*

Wenn Bello die Luft schnell in zwei Stößen aus den Nasenlöchern pustet, meint er: *Das ist doch Scheiße.* Einmal schnaufen? *Mist.*

So einfach ist Hundesprache.

Bello stürzt also ins Zimmer. *Ich bin vor Freude ganz aus dem Häuschen, dich zu sehen*, gibt er zu verstehen und rennt Juppi, der vor seiner Babytapetenwand kniet, regelrecht um.

»Hilfe, Bello, Hilfe!« sagt Juppi. Er läßt sich aber ganz gern von Bello umstoßen. Er balgt ein wenig mit Bello herum. Dann rappelt er sich wieder auf. Setzt sich ordentlich auf den Hintern und stützt sich mit den Händen ab. »Ich habe keine Zeit für dich, Bello«, sagt er. »Heute muß ich tapezieren.«

Bello schaut sich Juppis Arbeit an. Die nasse Tapete, die immer noch fest an der Wand klebt. Dann macht er *hm*, nach oben gemiepst. *Was*

soll denn das werden? Er legt den Kopf schief. Zuerst nach rechts, dann nach links. Das braucht man nicht zu erklären. Das machen Menschen auch.
»Bist du dämlich?« fragt Juppi. »Kannst du nicht sehen, was ich mache? Ich streiche die Wand mit Wasser an, damit die Tapete runterkommt. Die Teddybären. Der Babykram.«
Bello schaut in den Eimer. Er steckt seinen Kopf hinein und schlabbert das Wasser auf. Nicht alles. Aber ganz schön viel.
»Pfui, Bello«, sagt Juppi. »Das Wasser ist doch nicht zum Trinken.«
Bello hebt seinen Kopf. *Kümmere dich um deinen eigenen Kram.* Er macht also *hm,* nach unten gemiepst.
Juppi nimmt die Raupenbürste und spritzt Bello naß. Das hat der gern. Dann taucht Juppi die Bürste tief ins Wasser und malt Bello mit Wasser an. Das macht Spaß.

Als Bello triefend naß ist, schüttelt er sich. Das Wasser wird wie von selbst gegen die Wand geschleudert.
»Toll, Bello«, sagt Juppi. »Du kannst ja tapezieren.« Er steckt die Bürste noch einmal in den Wassereimer.
Mama kommt nachsehen, wie weit Juppi mit dem Tapezieren ist. »Uijuijuijuijui«, sagt sie. Auch das kann Juppi übersetzen, will er aber nicht.
Mama holt tief Luft. Das tut sie immer, bevor sie loslegt. Aber weil sie Besuch haben, Bello natürlich, sagt Mama nicht, was sie denkt. Statt dessen sagt sie: »Schätzchen, kannst du mir einen Gefallen tun und zum Laden an der Ecke laufen? Ich brauche ein Paket Taschentücher. Meine Nase läuft wie verrückt. Und so, wie ich aussehe, kann ich doch nicht rausgehen.«
Mama sieht gut aus. So läuft Juppi sonst den ganzen Tag im Kindergarten rum. Mit Zeitungshut. Aber, das muß Juppi zugeben, mit

Papas blauem Schlapphut sieht er einfach noch besser aus.
»Der Laden an der Ecke?« fragt er.
»Du bist doch schon einmal alleine dort gewesen«, sagt Mama.
Juppi erinnert sich. Aber damals ist Mama fünf Schritte hinter ihm hergelaufen. Juppi weiß das ganz genau, obwohl Mama sich immer hinter Bäumen und in Hauseingängen versteckt hat.
»Die Straße hoch«, sagt Mama, »an deinem Kindergarten vorbei und dann kurz danach an der Ecke. Wo wir immer Milch kaufen.«
Juppi muß sich das gut überlegen. So richtig alleine ist er ja noch nie bis dorthin gelaufen.
»Bis zum Milchmann?« fragt er. Juppi kann im Moment nur langsam denken. »Ich weiß ja nicht, was das alles kostet«, sagt er.
»Neunundneunzig Pfennig«, sagt Mama.
»Und wenn er mehr will, der Milchmann?«
»Neunundneunzig«, sagt Mama.

»So viel?«
»Ach, nun stell dich nicht so an«, sagt Mama. »Ich weiß, daß du das schaffst.«
»Jaha?« fragt Juppi.
»Klar«, sagt Mama. »Wer Teddybären von der Wand reißen kann, schafft es auch, ein Paket Papiertaschentücher vom Milchmann zu holen.«
»Jaha«, sagt Juppi. Noch bleibt er auf dem Boden hocken. »Den Hut behalte ich aber auf.«
»Na klar«, sagt Mama.
»Und meinen Affen nehm ich auch mit«, sagt Juppi.
»Na klar«, sagt Mama.
Da steht Juppi auf. Der Affe paßt gut in die Tasche seiner Bollerhose.
»Und Bello?« fragt Juppi. »Darf der auch mit?«
Juppi weiß, daß Bello immer jeden Weg allein zurück nach Hause findet.
»Wenn er mitgehen will.«
Wuff macht Bello. *Ja.*

»Na, dann gib mir mal die neunundneunzig«, sagt Juppi.
»Liegt auf dem Küchentisch«, sagt Mama.
Neunundneunzig ist nur ein Geldstück.
»Einen Pfennig bekommst du noch zurück«, sagt Mama.
Und wie Juppi darauf achten wird!
Juppi, Bello und der Affe ziehen ab. Papa und Mama mit den Zeitungshüten auf dem Kopf stehen in der Tür und sehen allen nach. »Mach's gut, Junge«, sagt Papa und nickt aufmunternd mit dem Kopf.
»Ihr auch«, sagt Juppi und schaut über seine Schulter zurück. »Tapfer bleiben, Tapezierer«, fügt er hinzu. Sein Mund ist ganz zittrig geworden. Aber von weitem kann das niemand sehen.

Yvonne

Das Unheil lauert schon an der nächsten Ecke. Wenn man es genau nimmt: am übernächsten Haus.
Frau Blumenschein steht auf dem Bürgersteig. Natürlich ist sie nicht allein. Natürlich nicht. Frau Blumenschein hat Yvonne dabei. Yvonne ist ihre Tochter.
Als Yvonne Juppi sieht, strahlt sie ihn schon von weitem an. Juppi kann das nicht gut haben. Yvonne ist ein Baby und ringsum nur von Babykram umgeben: Nuckelflasche und Holzente und Knutschpuppe. Sie sitzt in einer Kinderkarre. Blauer Stoffbezug mit gelben Teddys drauf. Und bunten Bällen.
Eigentlich ist Yvonne kein Nuckelbaby mehr. Sie kann schon prima laufen. Sie wird sogar bald in

den Kindergarten kommen. Aber dann wird Juppi schon richtig groß sein und in die Schule gehen.
Verglichen mit Juppi ist Yvonne also doch ein Baby. Basta.
Als Frau Blumenschein Juppi sieht, macht sie winke, winke. Juppi vergräbt seine Hände tief in den Taschen. Mit der linken Hand hält er den Affen fest, damit der bloß nicht zu sehen ist. Mit der anderen Hand umklammert er das Geldstück, mit dem er die Taschentücher bezahlen muß.
Juppi verzieht seinen Mund und pfeift durch die Zähne. Die Luft zischt ein bißchen durch Juppis Zahnlücken.
Yvonne ist in ihrer Kinderkarre kaum zu halten. Sie zappelt auf ihrem Sitz herum, als ob sie wer weiß wen entdeckt hat. Juppi schaut auf die andere Straßenseite. Er seufzt tief.
Bello schnauft auch einmal. Ja, er hat recht. Daß sie Yvonne treffen müssen, ist einfach *Mist*.

Jetzt ruft Yvonne auch noch. »Huppi, Wuppi« oder so was ähnliches.
Juppi verdreht die Augen und seufzt aus tiefstem Herzen.
Aber er ist ja kein Feigling. Mit Bello an der Seite und dem Affen in der Hosentasche kann ihm eigentlich nichts passieren. Er geht geradewegs auf Frau Blumenschein zu.
Yvonne wackelt in ihrer Karre herum, als würde sie auf einem Ameisenhaufen sitzen. Laut schreit und brüllt sie. »Huppi. Wuppi.«
Juppi läßt die Mark los und greift mit der Hand an seinen Hut. Er zieht die gewellte Krempe noch tiefer ins Gesicht. Die Lippen drückt er fest zusammen. Und er macht sehr böse Augen.
Bestimmt sieht er ganz furchtbar aus.
Yvonne streckt die Arme aus. Ihre Finger kribbeln und krabbeln in der Luft, als würde sie es nicht erwarten können, daß Juppi sie auf den Arm nimmt.

»Tag, mein Junge«, sagt Frau Blumenschein. Auch sie langt mit ihrer Hand nach Juppi. Sie will ihm doch wohl nicht über den Kopf streichen? Juppi zuckt zur Seite.

Frau Blumenschein nimmt ihre doofe Hand sofort zurück und umklammert wieder den Griff der Kinderkarre. »Du könntest Yvonne ruhig mal begrüßen«, sagt sie. »Die ist doch ganz verrückt nach dir. Merkst du das nicht?«

Juppi verdreht die Augen. »Ich steh nicht so auf Mädchen«, sagt er. Er will möglichst schnell von hier wegkommen.

Da schießt Yvonne vor, reißt fast den Gurt der Kinderkarre, der sie zurückhalten soll, auseinander und grapscht nach Juppi. Sie bekommt ihn am Arm zu fassen und zieht und zieht. Mann, was die für 'ne Kraft hat! Yvonne schafft es, Juppi zu sich herunterzuzerren. Er wirft noch einen gequälten Blick auf Bello. *Ouuu* macht der. *Ich an deiner Stelle würde die Pfoten davon*

lassen. Ja, was meinst du denn, denkt Juppi. Meinst du, ich mach das freiwillig?
Yvonne drückt Juppi fest an sich. Sein Hut ist nach hinten gerutscht. Und seine Nase ist an Yvonnes Hals gepreßt.
Juppi macht einen tiefen Atemzug.
Yvonne riecht nach Milch und Honig und Sahnebonbons. Das hat Juppi nicht gewußt.
Yvonne hält Juppi so fest, daß er kaum noch atmen kann. Ihm wird fast schwindelig.
Jetzt muß er doch seinen Affen loslassen. Mit beiden Händen greift er nach Yvonnes Armen, um sich von ihr zu befreien.
Yvonnes Arme sind warm und glatt. Ein bißchen dicker als die von seinem Affen. Und noch weicher. Und nicht so haarig.
Jetzt hat Juppi es fast geschafft. Sein Gesicht ist aber noch dicht vor ihrer Schnute, so daß er sie einen Moment lang von nahem betrachten muß.
Die Augen sind bunt und glitzernd wie

Glasmurmeln. Die Backen rund und schimmernd wie Vanillepudding. Die Lippen sehen aus wie rote Grütze. Wie die Brombeeren in der Grütze, nein, eher wie die Kirschen. Oh, vielleicht gibt es heute abend rote Grütze zum Nachtisch.

Hm. Rote Grütze ist nämlich lecker.
Jetzt erinnert Bello Juppi daran, daß sie eigentlich was anderes vorhatten. *Ouuu, ouuu* macht Bello.
Ja, verdammt noch mal. Juppi will doch nicht ewig hier stehen. Aber gleich wird er es geschafft haben und Yvonne los sein.
Uff. Jetzt kann es weitergehen. Juppi schiebt den Schlapphut ins Gesicht und steckt die Hände in die Hosentaschen. Er streckt die Schultern.
»Tschüs«, sagt er. Tschüs, Baby.
Nach ein paar Schritten dreht er sich vorsichtig

um. Yvonne, die mit Frau Blumenschein in die andere Richtung abzieht, lehnt sich weit aus der Kinderkarre heraus und blickt Juppi nach. Mensch, wie die gerochen hat!

Juppi läuft auf dem Bürgersteig dicht an den Zäunen und Hecken entlang, und Bello trabt nahe am Bordstein. Manchmal muß Juppi auf Bello warten. Der muß nämlich jeden Baum und jede Mauerecke beschnüffeln. Und noch was machen. Was? Das!

Als sie am Kindergarten vorbeikommen, gibt es Juppi einen kleinen Stich ins Herz. Heute wird nämlich draußen gespielt, weil es nicht regnet. Draußen spielt Juppi am liebsten.

Juppi geht ganz nah am Zaun vom Kindergarten vorbei. Fast wird er nicht erkannt. Er hat ja auch den blauen Schlapphut auf.

Aber dann, als er und Bello schon fast vorbeigezogen sind, ruft die Hildegard.

Hildegard leitet Juppis Spielgruppe. Sie läßt sich immer was Gutes einfallen. Und sie tröstet fast so gut wie Juppis Affe.

»Ja, was machst du denn da draußen?« fragt Hildegard.

»Ich tapezier heute mein Zimmer«, sagt Juppi. »Das weißt du doch. Ich hab mir doch extra frei genommen.«
»Ach ja«, sagt Hildegard. »Hab ich fast vergessen. Wie weit seid ihr denn?«
»Schon ganz schön weit«, sagt Juppi. »Aber jetzt muß ich Taschentücher kaufen.«
»Kannst du das denn schon?« fragt Hildegard.
»Klar«, sagt Juppi. »Ist doch ganz einfach.«
»Na dann«, sagt Hildegard. »Bis morgen.«
»Bis morgen«, sagt Juppi. Aber er geht noch nicht weiter. Ein bißchen sehnsüchtig schaut er in den Hof des Kindergartens.
Schimmi trägt einen gefalteten Hut aus gelbem Kreppapier. Dabei sind Hüte aus Krepp nicht zu gebrauchen. Sie sehen aus wie platte Pfannkuchen. Nur wenn man sie mit Zeitungspapier zusammen knickt, taugen sie was. Das weiß Juppi. Er ist ja Weltmeister im Hütefalten.

Lucas schaukelt mit Flo auf einer Schaukel. Und Josefa trinkt aus Juppis Lieblingstasse. Die mit den roten Marienkäfern. Juppi muß seinen Affen in der Hosentasche einmal fest drücken.
Kümmere dich um deinen eigenen Kram, meint Bello. Recht hat er. Tassen mit Marienkäfern drauf sind auch Babykram.
»Übrigens«, sagt Hildegard. »Du siehst einfach toll aus.«
»Ja«, sagt Juppi und reißt sich endlich los. Er überlegt noch, ob *toll* genau dasselbe bedeutet wie *ganz schön schrecklich.* Bestimmt!
Beim Milchmann muß Bello draußen bleiben. Das erkennt man daran, daß auf einem Schild an der Hauswand ein kleiner Hund mit einer Leine gemalt ist. Die Leine führt vom Hund schnurstracks zu einem Haken.
Neben dem Schild an der Wand ist solch ein Haken zu sehen, ein richtiger zum Festmachen. Bello hat keine Leine.

Juppi denkt, daß ein Hund ohne Leine vielleicht doch in den Laden darf. Aber kaum macht er einen Schritt auf die erste Stufe, die zum Eingang führt, steht der Milchmann schon in der Ladentür.
»Hunde dürfen nicht in das Geschäft«, sagt er.
»Hunde sind nicht sauber genug.«
Hat sich Juppi schon gedacht. Er sieht traurig auf Bello herab.
Das ist doch Scheiße, meint Bello, zweimal geschnauft.
»Sitz«, sagt Juppi. »Sitz, Bello. Ich bin gleich wieder da.« Bello hört aufs Wort.
Juppi geht durch den ganzen Laden. Alle Gänge rauf und runter. Er findet aber keine Taschentücher. Er muß den Milchmann schließlich fragen.
»Taschentücher?« wiederholt er. »Die sind leider ausverkauft. Ich bekomme erst morgen mittag wieder eine Lieferung. Vielleicht nimmst du statt dessen Toilettenpapier?«

Juppi ist sich nicht sicher, ob der Milchmann ihn auch richtig verstanden hat. Klopapier benutzt man doch für was ganz anderes. Ist der Milchmann doof?
»Nee«, sagt Juppi. »Ich will nur Taschentücher.«
»Dann mußt du woanders hingehen«, sagt der Milchmann. »Es tut mir unendlich leid.«
»Woanders?« fragt Juppi.
»Die Straße weiter runter«, sagt der Milchmann und zeigt mit der Hand, wo's langgeht. »Da ist ein Handarbeitsgeschäft. Die haben auch Taschentücher. Aus Stoff. Wenn dir das lieber ist.«
Lieber als Klopapier.
Als Juppi wieder draußen ist, denkt Bello wohl, daß es nach Hause geht. Er zischt ab in die falsche Richtung. »Bello!« ruft Juppi. »Bello! Hierher!«
Bello ist verwirrt. Er kommt Fuß für Fuß und sehr langsam zurück zu Juppi. *Hmhm* macht er, nach oben gemiepst. *Bist du sicher, daß du das Richtige tust?*

»Es tut mir unendlich leid«, sagt Juppi und macht die ersten Schritte in die andere Richtung.
So weit ist Juppi noch nie im Leben alleine gegangen. Der Affe tief in der Tasche seiner Bollerhose muß heute eine Menge aushalten. Aber dafür sind Affen ja da.

Paul und Alfons

Juppi und Bello laufen eine Weile geradeaus. *Geradeaus* ist leicht wiederzufinden, wenn man später zurück nach Hause gehen muß.
Juppi merkt, daß sie schon eine riesig lange Strecke geradeaus gegangen sein müssen. Vor ihnen taucht nämlich die große Brücke auf, die den ganzen Fluß überspannt. Man kann oben auf dem Bürgersteig weiterlaufen oder unter der Brücke einen Pfad am Fluß entlang marschieren.
»Was meinst du, Bello?« fragt Juppi.
Bello legt nur den Kopf schief. Das ist auch Hundesprache, obwohl man sie nur sieht und nicht hört. Es heißt: *Ich weiß nicht recht.*
Mit Mama ist Juppi immer oben an der Brücke vorbeigegangen. Da ist ziemlich viel Verkehr.

Wenn man unten auf dem Sandweg läuft, ist es ein bißchen mehr *geradeaus*. Und am Ende des Brückenbogens treffen beide Wege wieder zusammen.
Juppi beschließt, den Pfad am Fluß entlang zu nehmen. Bello macht *hmhm,* nach unten gemiepst. *Das ist verdammt gefährlich.*
»Stell dich nicht so an«, sagt Juppi. »Ich bin ja bei dir.«
Juppi schreitet weit aus. Mit großen Schritten kommt man schneller voran.
Niemand zu sehen. Das ist gut. Und das ist nicht gut. Ein paar Leute wären schon besser. Frau Blumenschein zum Beispiel.
Unter der Brücke merkt Juppi, daß er und Bello doch nicht die einzigen sind. Genau in der Mitte unter dem Brückenbogen haben es sich zwei Männer gemütlich gemacht. Ein dicker und ein dünner Mann. Beide haben viel Bart im Gesicht, bis an die Ohren. Sie haben sich ihr Bett unter die

Brücke gestellt, das heißt, nur die Matratzen haben sie auf den Boden gelegt. Da sitzen sie halb, und halb liegen sie. Warme Decken haben sie auch.

»Tag«, sagt Juppi und will vorsichtshalber schnell vorbei. Ihm ist ganz komisch zumute. Es ist, als ob er mitten durch das Schlafzimmer von anderen Leuten spaziert. Das hätte er auch nicht gern.
»He«, sagt einer der bärtigen Männer, der dünne nämlich. »He, Paul«, sagt er und stupst den anderen an, den Paul.
Der Paul knurrt ein bißchen und dreht sich auf die andere Seite.
»Hach«, sagt der dünne, der nicht Paul heißt, »mit dir kann man auch nichts anfangen.« Dann richtet er sich etwas auf und stützt sich mit dem Ellenbogen ab. »Komm mal her, Kleiner.« Damit meint er wohl Juppi.
»Ich?« fragt Juppi und macht für alle Fälle schon mal sein grimmiges Gesicht. Er geht aber ein paar Schritte auf die Männer zu.
Bello schnauft zweimal heftig durch die Nase.
»Hast du etwa Schiß?« murmelt Juppi.
Rrrr macht Bello. *Nein.*

»Was willst du denn von dem Lütten?« fragt der dicke Mann. Paul. Der hat sich nun auch aus seinen vielen Decken geschält und schaut Juppi an. »Der hat doch kein Geld bei sich, Alfons. Bei dem brauchst du es gar nicht zu versuchen.«
Geld? Juppi schließt seine rechte Hand um das Markstück.
»Na, nun komm schon her«, sagt Alfons. »Du brauchst keine Angst zu haben. Du hast doch einen Hund dabei. Ein Hund ist der beste Freund des Menschen.«
Juppi und Bello sind nun schon ganz nah bei den beiden. Paul kramt hinter seinem Kopf eine grüne Flasche hervor und nimmt einen kräftigen Schluck. Ein rotes Rinnsal läuft ihm aus dem Mundwinkel in den Bart hinein. Es riecht sauer. Sticht in der Nase. Wein! Paul streckt seinen Arm mit der Flasche aus und will sie Juppi reichen. »Trink mal 'nen Schluck«, sagt er. »Tut gut.«

»Dafür ist es mir noch zu früh am Tag«, sagt Juppi.
Alfons legt seinen Kopf in den Nacken und lacht heiser los. »Schau dir den an«, sagt er.
»Es ist nie zu früh und selten zu spät«, sagt Paul und nimmt einen zweiten Schluck. »Das Leben ist ziemlich beschissen.«
Darauf weiß Juppi nichts zu sagen.
»Was machst du eigentlich mutterseelenallein in dieser Stadt, Hänschen klein?« will Paul wissen.
»Ich hab doch Bello bei mir«, sagt Juppi.
Alfons pfeift anerkennend durch die Zähne. Er kann einen richtig flötenden Ton rausbringen, wie eine Trillerpfeife, obwohl er auch Zahnlücken in seinem Mund hat.
Bello hat sich inzwischen beruhigt. Er schnüffelt an der Ecke des Brückenbogens und hebt anschließend sein Bein.
»He«, sagt Paul. »Doch nicht in unserem Palast.«
»Laß ihn doch«, sagt Alfons. »Hunde dürfen bei

mir alles. Eigentlich habe ich auch einen Hund. Er ist leider weggelaufen. Sieht so ähnlich aus wie dein Hund. Aber ein bißchen mehr wie ein Schäferhund. Bark. So heißt er. Vielleicht läuft er ja noch irgendwo rum. Ist ein richtiger Beißer. Hätte ich gerne zurück. Willst du mir nicht deinen Bello verkaufen?«

Juppi kriegt einen riesigen Schrecken. »Es ist gar nicht mein Hund«, stottert er. »Er gehört Herrn Kellermann.«

»Na schön«, sagt Alfons. »Da kann man nichts machen.«

»Willst du nicht bei uns bleiben, Hänschen klein?« fragt Paul. »Kinder nehmen wir auch.«

»Ach nein«, sagt Juppi und versucht, seine Stimme so ruhig wie möglich zu halten. »Ich muß doch tapezieren.«

»Ach so«, sagt Paul. Er kramt unter all seinen Decken herum und zieht schließlich einen Zwieback hervor.

»Darf ich dir was anbieten? Falls du überhaupt was von uns anfassen willst.«
Juppi will eigentlich nicht. Er hat keinen Hunger. Er nimmt auch nichts von Fremden an. Das darf man nicht. Andererseits ist er hier mitten durch das Schlafzimmer von Paul und Alfons gewandert. Juppi zögert. Er weiß nicht, was er machen soll.

Das Leben ist ziemlich beschissen.
Paul reicht Juppi den Zwieback noch einmal mit Nachdruck hin. Da greift Juppi zu. Er beißt auch an einer Ecke ab. Aus Höflichkeit. Paul lehnt sich zufrieden zurück.
Der Zwieback schmeckt nicht. Er ist weich und labberig. Kein bißchen Knusper dabei.
»Ich geh dann mal weiter«, sagt Juppi und ruft Bello.
»Tapezieren?« fragt Paul.
»Jaha«, sagt Juppi. »Aber zuerst muß ich Taschentücher kaufen.«
»Man kommt im Leben auch ohne Taschentücher aus«, sagt Alfons und wischt sich mit dem Ärmel seiner dicken Jacke die Nase ab. »Aber die Welt will die Wahrheit nicht hören.«
Juppi nickt dazu. Er geht rückwärts los in die Richtung, wo der Handarbeitsladen auftauchen müßte.
»Bleib tapfer, Junge«, sagt Paul.

»Ihr auch«, sagt Juppi und geht schnellen Schrittes weiter.
Jetzt machten der Fluß und auch der Pfad eine leichte Biegung. Paul und Alfons können Juppi nicht mehr sehen. So kann Juppi den Zwieback an die Enten verfüttern. Im Wasser wird Zwieback sowieso matschig. Und die Enten stört das nicht.
Na, und dies hier muß der Laden sein, den der Milchmann gemeint hat. Lauter Tischdecken im Fenster. Mit Babykram drauf. Pilze, Blumen, Igel. Sonne, Mond und Sterne.
An der Hauswand ist kein Schild befestigt. Nicht mit Hund und nicht ohne Hund. Also darf Bello mit hinein.
Die Türglocke macht klingklong.
Zwei Frauen sind im Laden. Sie drehen sich um, als Juppi und Bello reinkommen. Die Frauen sehen erst auf Juppi. Dann schauen sie Bello an. Die Frau vor dem Ladentisch, die mit den roten

Haaren, zieht eine Augenbraue hoch. Sie dreht sich schnell zu der Frau hinter dem Ladentisch um. Die trägt ein glänzend blaues Kleid mit einer goldenen Brosche am Kragen. Die rote Frau stößt, weil sie sich so hastig bewegt, mit dem Ellenbogen einen Kasten um. Eine Garnrolle hüpft heraus. Der grüne Faden hat sich gelöst. Das Ende hat sich im Kasten verklemmt, aber die Rolle läßt sich dadurch nicht aufhalten. Sie flutscht über die Theke, springt vom Tisch in die Tiefe und saust, immer an ihrem schönen grünen Faden hängend, quer durch das Geschäft.

Wer weiß, was Bello denkt. Wahrscheinlich denkt er, die Garnrolle ist ein Spielzeug. Er macht einen Satz und noch einen, und schon hat er die Garnrolle gepackt und bringt sie schwanzwedelnd zurück zu der blauen Frau.

»Du liebe Zeit«, sagt die rote Frau. »Das ist aber eine schöne Bescherung.«

»Ach, lassen Sie mal«, sagt die blaue Frau und nimmt Bello die besabberte Garnrolle ab. »Das kann doch jedem mal passieren.«
»Wie kann ich das wiedergutmachen?« fragt die

rote Frau und fährt sich vor Aufregung über das Gesicht.
»Es ist schon gut«, sagt die blaue Frau und wickelt den grünen Faden wieder um die Garnrolle.
»Das ist wirklich sehr freundlich von Ihnen«, sagt die rote Frau. Sie muß jetzt auch sehr freundlich sein und eine der Tischdecken kaufen, die die blaue Frau vor ihr ausgebreitet hat. Und auf Bello darf sie nicht wütend sein. Weil Freundlichkeit ansteckt.
Endlich ist Juppi an der Reihe. Er legt sein Markstück auf die Theke. »Ich hätte gerne Taschentücher«, sagt er.
Die blaue Frau guckt die Münze an. Dann hebt sie die Augen und schaut auf Juppi. »Ich weiß nicht recht«, sagt sie. »Vielleicht wird das Geld nicht reichen.«
»Neunundneunzig«, sagt Juppi. »Und es ist für meine Mama.«
Die Frau bückt sich ein wenig und zieht eine

Schublade aus dem Ladentisch. Sie nimmt ein Kästchen hoch und stellt es auf die Theke, so daß Juppi hineinschauen kann. Dort liegen Taschentücher. Taschentücher, wie Juppi sie noch nie gesehen hat. Schöne Stofftücher mit weißer Spitze und gezackten Rändern in allen Farben, rot, grün und lila.

»Oh«, sagt Juppi, und Bello richtet sich neugierig auf. Er hat sich auf die Hinterpfoten gestellt, und seine Vorderpfoten liegen auf dem Ladentisch.

»Siebenfünfzig«, sagt die blaue Frau.

»Ist das mehr als neunundneunzig oder weniger?« fragt Juppi.

»Es ist ein bißchen mehr«, sagt die Frau mit leiser Stimme, als ob sie sich schämen müßte.

Juppi betrachtet sich die wirklich schöne Brosche am Kragen der Frau. Er müßte nachdenken, aber eigentlich weiß er nicht, worüber.

»Soll das Taschentuch für deine Mama sein?« fragt die blaue Frau.

»Jaha«, sagt Juppi. Hat er doch schon gesagt!
»Zum Geburtstag?« will die Frau wissen.
Jetzt merkt Juppi, daß irgend etwas nicht ganz richtig läuft. Aber was bloß? Er spürt, daß von seiner Antwort eine Menge abhängt. Ob er lügen soll? Einfach *ja* sagen? Manchmal muß man einfach lügen. Das ist eben so. Aber er könnte das Taschentuch auch wirklich als Geburtstagsgeschenk kaufen. Und er könnte es Mama schon eher geben. Nämlich heute, weil ihre Nase so läuft. Dann ist es doch nicht richtig gelogen. Oder?
Wenn er das Tuch dann für neunundneunzig bekommen kann?
»Ja«, sagt Juppi und nickt ganz langsam.
»Na gut«, sagt die Frau und seufzt. Juppi hat gar nicht gewußt, daß Erwachsene auch so tief seufzen können.
»Such dir ein Taschentuch aus«, sagt die blaue Frau. »Ich pack es dir noch als Geschenk ein.«

Juppi nimmt ein weißes Tuch mit lila Spitzenrand. Es sieht ganz wunderbar aus. Als das Päckchen fertig ist, mit Schleife drum und so, schiebt Juppi sein Geldstück über die Theke.

Er bekommt auch noch einen Pfennig zurück. Wie Mama es gesagt hat. Aber eigentlich findet er, daß ein kleines, dünnes Taschentuch für neunundneunzig ganz schön teuer ist. So wunderbar es auch aussieht.
Er nimmt das Geschenk für Mama entgegen. »Wie kann ich das wiedergutmachen?« fragt er.
Die blaue Frau lächelt Juppi ganz fein an. »Es ist schon gut«, sagt sie.
»Komm, Bello«, sagt Juppi, und Bello muß seine Pfoten vom Tisch nehmen.
Das Schlimmste haben sie hinter sich, aber das Schwierigste liegt noch vor ihnen. Immer geradeaus, sagt sich Juppi und öffnet die Ladentür. Klingklong macht die Glocke.

Bark und Bello

Was ist denn das für ein Haus neben dem Handarbeitsladen? Das kennt Juppi doch. Das kann doch nur das große Kaufhaus sein, in dem Juppi schon mal drin war. Mit Mama an der Hand. Und mit Papa.

In dem Kaufhaus gibt es tolle Sachen zu kaufen. Und zu begucken. Viele bunte Süßigkeiten zum Beispiel. So viele Süßigkeiten, wie es da gibt, kann man gar nicht aufessen. Da wird einem ja schlecht.

Dann gibt es noch prima Rolltreppen. Die erste geht hoch bis zu dem rosa Fitzelzeug, das Frauen anziehen. Die zweite hält bei den Anoraks. Die dritte Treppe rollt dahin, wo man auch Schrauben kaufen kann. Und dann gibt es noch eine Treppe.

Wohin führt die denn wohl? Zum Spielzeug! Richtig.
Juppi hat eine gute Idee. Wo es Spielzeug gibt, sind auch Kuscheltiere ausgestellt. Wo Kuscheltiere liegen, sind bestimmt auch ein paar Affen dabei. Und wenn Affen da sind, kann Juppi nachschauen, ob Affen Schwänze haben.
Man kann auch im Zoo nachsehen, ob Affen Schwänze haben. Aber es ist sehr schwierig, in den Zoo zu kommen. Man braucht gutes Wetter. Und Mama darf sich nichts anderes vorgenommen haben. Und Papa darf sich nichts anderes vorgenommen haben. Besuch darf es auch nicht geben. Es muß stinklangweilig sein. Oder Ostern. Dann geht es in den Zoo.
Es ist leichter, in ein Kaufhaus zu gehen als in den Zoo. Es ist auch für Juppi ganz leicht, in das Kaufhaus neben dem Handarbeitsgeschäft hineinzukommen. Niemand kümmert sich um ihn.

»Bei Fuß, Bello«, sagt Juppi und hat ein bißchen Angst, ob Bello die Rolltreppe schaffen wird. Rauf auf die Treppe ist einfach. Aber runter von der Treppe ist schwierig. Juppi denkt immer, er könnte zwischen Stufe und Fußboden eingeklemmt werden. Er muß also zur rechten Zeit einen Satz machen. Damit er nicht eingequetscht wird oder mit den silberschwarzen Stufen irgendwohin verschwindet.
Jipp. Jipp. Juppi macht einen Satz, und Bello macht einen Satz.
Schon sind sie oben bei den Kuscheltieren.
Die Kuscheltiere sind fast nur Bären. Braune, weiße, schwarze, gelbe. Ein Schaf noch. Ein Schwein. Quiek, quiek.
Oh. Was ist das denn da oben auf dem Regal? Das sieht fast aus wie ein Affe. Runder Kopf. Runde Schnute. So sieht der Affe von vorne aus.
Wie sieht er denn von hinten aus?
Juppi kann nicht ran. Er ist zu klein. Bello

versteht, was Juppi denkt. Er schnieft einmal.
Mist.
Jetzt kommt eine Verkäuferin. Auch das noch.
Juppi will ja gar nichts kaufen.
»Kann ich dir helfen?« fragt die Verkäuferin.
Die ist aber nett. Die will gar nichts verkaufen.
»Zeig mir doch mal den Affen«, sagt Juppi und zeigt mit dem Finger nach oben.
Die Verkäuferin kommt ganz leicht an den Affen ran. Juppi kann ihn jetzt von nahem sehen. Er sieht ein bißchen aus wie der Affe in seiner Hosentasche. Von vorne.
Von hinten sieht der Affe anders aus als der in der Hosentasche. Hinten hat dieser Affe einen langen Schwanz. Juppi ist richtig enttäuscht.
»Stimmt was nicht?« fragt die Verkäuferin. »Es ist ein ganz entzückender Affe. *Coco* heißt er.«
Juppi dreht und wendet den Affen in seinen Händen.
»Hast du noch einen anderen Affen?« fragt er.

»Noch einen *Coco*«, sagt die Verkäuferin und zeigt auf einen weiteren Affen im Regal. »Der sieht aber genauso aus.«
»Sind das richtige Affen?« fragt Juppi. »Sehen alle Affen so aus?«
»Ja. Wieso nicht?« fragt die Verkäuferin, und ihre Augen wandern suchend das Regal ab. »Halt«, sagt sie plötzlich. »Da ist noch ein anderer Affe. Der ist aber viel größer. Und er kostet viel mehr.«
Über Geld wollte Juppi eigentlich nicht reden. Er findet die Verkäuferin auch nicht mehr so nett. Sie hat Mäusehaare.
»Zeig mal«, sagt Juppi. Er hat all seinen Mut zusammengenommen.
Die Verkäuferin reicht ihm den großen Affen. Von vorne sieht er aus wie ein Affe. Runder Kopf. Runde Schnute. Von hinten sieht er auch aus wie ein Affe. Wie Juppis Affe. Er hat keinen Schwanz!
»Warum hat er keinen Schwanz?« fragt Juppi. Er sagt *Schwahanz*. Er ist nämlich sehr verwundert.

»Ist er vielleicht doch kein Affe?«
Die Verkäuferin nimmt ihm den großen Affen aus den Händen und geht neben Juppi in die Hocke.
Sie ist doch sehr nett.
Jetzt schaut sie sich beide Affen genau an. Von vorne und von hinten.
»Ich weiß auch nicht«, sagt sie und wühlt beiden Affen ordentlich im Puschelfell herum, als ob sie dort die Antwort finden würde. »Oh, jetzt hab ich es«, sagt sie schließlich. Bei den Affen ist nämlich ein Stück Pappe am Hals befestigt, und darauf muß die Antwort auf Juppis Frage geschrieben stehen.
»Der *Coco* ist ein richtiger Affe«, sagt sie. »Das ist schon mal klar. Und der andere hier, das ist ein Gorilla. Und Gorillas haben keine Schwänze.«
»Aha«, sagt Juppi. »Sind Gorillas keine Affen?«
»So genau kenn ich mich auch nicht aus«, sagt die Verkäuferin. »Ich glaube, sie sind doch Affen. Wahrscheinlich gibt es viele Sorten von Affen.«

»Jaha«, sagt Juppi und glaubt ihr das aufs Wort. Es gibt eben Affen-Affen und Gorilla-Affen. So ist es. Die Verkäuferin steht auf. Beim Aufrichten hämmert sie mit dem Kopf an das Kuscheltierregal. Es fällt nicht runter. Es hängt nur ein bißchen schief. Aber all die Kuscheltiere, die vielen Bären und das Schaf und das Schwein, sausen herab. Bello erschreckt sich furchtbar und macht einen Sprung rückwärts.

Die Verkäuferin guckt Juppi ziemlich mies an. Dabei ist Juppi ja gar nicht an das Regal gestoßen. Die Verkäuferin hat doch Mäusehaare!

»Das ist aber eine schöne Bescherung«, sagt Juppi, weil ihm nichts anderes einfällt. »Das kann doch jedem mal passieren.« Aber er macht sich lieber aus dem Staub. Ganz langsam geht er rückwärts, bis dicht an die Rolltreppe, die nach unten führt.

Und jetzt ab nach Hause.

Draußen sieht die Welt ganz anders aus,

verglichen mit vorhin, als Juppi und Bello in das Kaufhaus hineingegangen sind.
Der Handarbeitsladen ist verschwunden. Statt dessen gibt es eine Bushaltestelle. Hat das Kaufhaus vielleicht mehrere Türen? Juppi kennt sich gar nicht mehr aus. Er traut sich auch nicht, noch einmal in das Kaufhaus hineinzugehen.
Bello kennt sich auch nicht aus. Das merkt Juppi sofort. Bello rennt ein paar Schritte nach rechts. Dann macht er wieder ein paar Schritte nach links.
»Ich dachte, du findest jeden Weg nach Hause zurück«, jammert Juppi. Er beschließt, einmal um die Ecke zu laufen und dann noch einmal.
Wenn er Glück hat, braucht er dann nur noch geradeaus zu laufen. Irgendwo, ganz dahinten, müßte sein Zuhause sein.
Nach den Häusern, an denen Juppi und Bello vorbeilaufen, kommt ein Wiesenstück. Das hat Juppi ja noch nie gesehen.

Auf der Wiese wächst Löwenzahn. Löwenzahn ist Juppis Lieblingsblume. Erstens, weil er so schön gelb ist. Zweitens, weil er so schön stinkt. Die Milch im Stiel vom Löwenzahn. Damit kann er Mama gut erschrecken. Er braucht ihr nur die Hände, mit denen er Löwenzahn gerupft hat, vor die Nase zu halten.
»Puh«, sagt Mama und fährt vor Schreck zurück.
Und dann, drittens, viertens, fünftens, wird aus dem Löwenzahn noch eine Pusteblume.
Pusteblumen kann man Papa ins Haar pusten. Das mag er auch nicht. Hihihi.
Ob Juppi ein paar Löwenzahnblüten pflücken soll?
Er geht ein Stückchen in die etwas feuchte Wiese hinein. Warum benimmt Bello sich denn plötzlich so komisch? *Hmhm,* nach oben gemiepst und *hmhm,* nach unten gemiepst, alles zusammen.
Bist du sicher, daß du das Richtige tust? Das ist verdammt gefährlich!
Vom anderen Ende der Wiese kommt jemand

genau auf Juppi und Bello zu. Nicht langsam! Wie ein Blitz rast ein schwarzer Teufel ihnen entgegen. Bark!
Bark sieht Bello etwas ähnlich. Nur ist bei ihm alles umgekehrt. Bello ist braun mit ein bißchen Schwarz, und Bark ist schwarz mit ein bißchen Braun. Bello hat ein leicht gelocktes Fell. Barks Haare sind glatt. Bello hat eine stumpfe Schnauze mit einem kurzen Bart unter dem Kinn. Bark hat eine spitze Schnauze. Aber sonst ist alles gleich. Sie sind gleich groß.
Bark, das merkt Juppi sofort, spricht eine andere Sprache als Bello. Er macht *hark, hark* und *roff, roff, kirrr* und *rawuuu*. Wenn er schnauft, hört sich das an wie bei Papa, wenn er mit Juppi auf den Schultern dreimal um den See gerannt ist. Und: Bark ist ein Beißer.
Juppi denkt, es ist besser abzuhauen. Er macht auf der Stelle kehrt. Bello ist schon vorausgelaufen. Beim Kurvekratzen rutscht Juppi auf der nassen

Wiese aus. Im letzten Moment fängt er sich noch. Aber der kleine Gorilla fällt ihm aus der Hosentasche. Juppi kann ihn doch nicht einfach liegenlassen. Wer weiß, was Bark mit ihm machen würde.
Aber wer weiß, was Bark mit Juppi machen wird! Trotzdem hört Juppi auf zu rennen. »Bello«, ruft er. Bello bleibt zwar wie angewurzelt stehen, zu mehr ist er aber nicht zu bewegen.
Bark hat sich abgebremst. Genau vor dem kleinen Gorilla.
Als Juppi einen Schritt vorwärts macht, fletscht Bark die Zähne. *Kirrrirrrirrr.* Juppi hat das Gefühl, daß er Bark doch ganz gut versteht. *Komm nur einen Schritt näher, dann kannst du was erleben.*
Juppi drückt die Hände vor seine Augen, läßt aber ein paar schmale Schlitze zwischen seinen zusammengepreßten Fingern frei. Wenn er dem kleinen Gorilla schon nicht helfen kann, muß er

doch wenigstens hinsehen. Das ist er ihm schuldig!
Bello hat sich inzwischen an Juppis Beine gelehnt.
»O Bello«, flüstert Juppi. »Warum bist du auch kein Monster-Hund?«
Ich habe Schiß. Juppi versteht Bello ja. Er muß die Pobacken auch ordentlich zusammenkneifen.

Ich habe Mordsschiß. Bello macht *huhuhu*.
»Wauwau«, macht Juppi. Vielleicht kann er damit Bark vertreiben. Und Bello zu verstehen geben, was er zu tun hat. Aber Bello macht nicht mit.
Bark schnüffelt jetzt ganz liebevoll am kleinen Gorilla herum. Er scheint sich für Juppi und Bello gar nicht mehr zu interessieren.
Juppi läßt die Hände sinken. Er geht einen vorsichtigen Schritt nach vorn. Davon ist Bello ganz erschrocken.
Er macht einen Satz,
zum Glück

in die richtige Richtung, nämlich auch nach vorn. Gleichzeitig gibt er einen Laut von sich, den Juppi von ihm noch nie gehört hat. So was, das nur ein richtiges Monster rausbringen kann. So was wie *Rrriuppwuffhouff*. Und das ist wohl alles zusammen, Schiß haben und sich Mut machen und Angst verlieren und Leute erschrecken. Hunde auch.

Es wirft Bark, den Beißer, um. Er fällt auf seine Hinterpfoten und sucht dann schnell das Weite. Ab und zu schaut er sich noch um, ob Bello, das Monster, ihm auch nicht folgt.

Der kleine Gorilla ist gerettet. Juppi steckt ihn wieder zurück in die Tasche, wo er hingehört. Ach, und hinter der Wiese ist ja auch schon der Kindergarten. Juppi hat ihn nur nicht gleich erkannt, weil er bloß die Rückseite vom Haus sieht. Eigentlich hätte er sich gar keine Sorgen machen müssen. Hach. Jetzt hüpft aber sein Herz. Im Hof vom Kindergarten ist niemand zu sehen.

Die sitzen wohl alle beim Mittagessen. Juppi hat auch Hunger, einen Mordshunger. Aber es sind ja zum Glück nur noch ein paar Schritte bis nach Hause.
Hier wohnt schon Frau Blumenschein. Juppi sieht sie hinter dem Fenster. Sie hält Yvonne fest, die auf dem Fensterbrett steht.
Yvonne quietscht und winkt Juppi aufgeregt zu. Sie trägt ein Nachthemd mit Streublümchen drauf. Wahrscheinlich muß sie jetzt ihren Mittagsschlaf halten. Baby!
Yvonne patscht mit ihren Händchen an die Fensterscheibe. Sie freut sich wahnsinnig, Juppi zu sehen.
Na schön. So dicht vor zu Hause und nach dem, was er heute schon alles erlebt hat, will Juppi mal großzügig sein.
Er schiebt seinen Schlapphut ein wenig in den Nacken, so daß man sein Gesicht besser sehen kann. Dann hebt er die Hand und winkt Yvonne

zu. Wie die sich freut! Juppi muß die ganze Zeit, als er am Haus von Blumenscheins vorbeigeht, zu ihr hinsehen. Yvonnes Nachthemd ist so kurz, daß Juppi die Grübchen auf ihren pummeligen Knien sehen kann.
Eigentlich sieht Yvonne aus wie ein Weihnachtsengel.

Tapferer kleiner Tapezierer

Mama und Papa stehen in der Eingangstür, als Juppi nach Hause kommt. Ihre Zeitungshüte auf dem Kopf sind verrutscht.

»Du hast dich aber lange rumgetrieben«, sagt Papa. »Wir haben uns schon Sorgen gemacht.«

»Vor lauter Arbeit haben wir eben erst gemerkt, daß du so lange weg warst. Ist was passiert?« fragt Mama.

»Nö«, sagt Juppi. »Ich sollte doch Taschentücher kaufen!«

»Und?« fragt Mama. »Wo sind sie?«

»Beim Milchmann gab es keine Taschentücher«, sagt Juppi. »Ausverkauft.«

»Ist nicht so schlimm«, sagt Mama. »Ich habe inzwischen Toilettenpapier genommen.«

Da muß Juppi aber ganz dumm aus der Wäsche
gucken. So doof ist der doofe Milchmann
vielleicht doch nicht. Nun kramt Juppi in seiner

rechten Hosentasche nach dem Päckchen. Es ist inzwischen ein bißchen knubbelig geworden. Trotzdem sieht es noch wie ein schön eingepacktes Geschenk aus.
»Zum Geburtstag«, sagt Juppi und überreicht Mama das Taschentuch.
»Ich habe doch gar nicht Geburtstag«, sagt Mama.
Juppi zieht beide Schultern hoch. Er weiß nichts zu sagen. Hauptsache, er muß nicht lügen.
Erst mal gehen sie ins Haus hinein. Bello hat keine Lust. Er macht *hm,* nach unten gemiepst. *Kümmere dich um deinen eigenen Kram.* Na schön. Trotzdem ist Bello, das Monster, prima gewesen. Wenn man ihm etwas auf die Sprünge hilft, dann findet er jeden Weg allein zurück nach Hause. Und gegen Bark, den Beißer, war er einfach großartig. Juppi weiß jetzt, daß man vor nichts und niemandem auf der Welt Angst haben muß. Auch wenn man die Hosen gestrichen voll hat.

Mama friemelt mit ihren vollgekleisterten Fingern das Päckchen auf.
»Oh, wie schön«, sagt sie. Einen Augenblick lang erstrahlt ihr ganzes Gesicht. Im nächsten Augenblick ist es ganz ernst geworden. »Komm mal her, mein Bürschchen«, sagt sie.
Bürschchen, das ist Juppi.
Der muß sich jetzt ganz nah vor Mama hinstellen und ihr direkt ins Gesicht sehen. Das ist eine Probe. Wenn man nichts angestellt hat, schafft man das.
Juppi weiß, was kommt. Er muß zur Seite und auf den Fußboden gucken. Ein bißchen muß er auch grinsen. Dafür kann er nichts. Das kommt von innen heraus.
»Schau mir in die Augen«, sagt Mama und hält gleichzeitig das wunderschöne Taschentuch hoch. »Woher hast du das?«
Juppi hört auf den Fußboden zu betrachten und sieht Mama an. Immer noch muß er so komisch

grinsen. Sein Mund bibbert wie von selbst. Juppi kann das Zittern nicht stoppen.
»Aus dem Laden«, sagt er schließlich. »Von der blauen Frau.«
»Und womit hast du das bezahlt?« fragt Mama.
Juppi kraust seine Stirn. »Du hast mir doch Geld gegeben.«
Jetzt muß sich Papa auch noch einmischen. Er betrachtet das Taschentuch ganz genau. »Aber so was kostet doch bestimmt mehr als ein Päckchen Papiertaschentücher«, sagt er. »Hast du etwa ...«
Juppi schüttelt den Kopf.
»Du hast doch nicht etwa ...« sagt Mama.
»Ich hab's bezahlt«, sagt Juppi. »Ganz bestimmt. Fragt doch die Frau. Ich hab's ganz bestimmt nicht geklaut.«
Er kann Mama ja auch direkt in die Augen sehen!
»Na, Freundchen«, sagt Papa.
»Ich weiß nicht recht«, sagt Mama.

»Bestimmt nicht«, sagt Juppi. »Aber die Welt will die Wahrheit nicht hören.«
»Du bist ja ein ganz Schlauer«, sagt Papa.
»Außerdem könnt ihr Bello fragen«, sagt Juppi.
»Der war die ganze Zeit dabei.«
Na, mehr ist zu der Geschichte nicht zu sagen.
Das merken auch die Eltern schnell.
Jetzt gibt es erst einmal Nudelsuppe zu essen.
Und dann geht die Tapeziererei weiter.
Papa und Mama haben es inzwischen geschafft, die ganze Tapete von Juppis Zimmerwänden abzureißen. Den Babykram. Die neue Tapete klebt schon dran.
»Sie wird einfach weiß gestrichen«, sagt Papa.
»Rot«, sagt Juppi.
»Weiß«, sagt Mama.
Juppi wird sich Trick siebzehn einfallen lassen müssen.
Die Eltern haben ein bißchen Arbeit für Juppi übriggelassen. Hinter der Heizung klebt noch ein

Stück von der Teddytapete. Da sind sie nicht rangekommen. Papa hat zu große Pfoten, und Mama hat zu große Pfoten. Aber Juppis Hände sind klein. Er soll zwischen den Rippen der Heizung die Reste abkratzen. Mit einem Schaber. Juppi sitzt auf seinem Hintern vor der Heizung. Wenn er vorsichtig ist, passen seine Finger gut in die Zwischenräume der Heizungsrippen.
Juppi preßt seine Nase an den Heizkörper. So kann er die draufgemalten Teddybären betrachten. Und all den anderen Babykram.
Wenn er es sich recht überlegt, so hat ihm die Tapete eigentlich immer gut gefallen. Mit all diesen Quietscheentchen und den Miezekatzen und den Piepvögeln. Vielleicht sollte er ein Stückchen Tapete für sich behalten. Als Andenken.
Die abgerissene Tapete haben Mama und Papa in einen Plastiksack gestopft. Davon ist nichts mehr zu gebrauchen. Aber die Tapete hinter der

Heizung sieht noch gut aus. Und wenn Juppi Besuch bekommt, von Schimmi oder Lucas, dann werden sie ja wohl nicht gleich hinter den Heizkörper schauen. Das ist eine Ecke, die gehört nur Juppi allein.

Trick siebzehn ist, wenn man sich was Gutes einfallen läßt.

Juppi fährt mit der Hand zwischen die Rippen der Heizung. Wenn er an der Rückseite der Heizung die Hand zur Faust schließt, kann er nicht mehr vor und zurück. Doch, doch, doch, doch, doch. Ein bißchen zurück kann er schon. Aber die Heizungsrippen haben Pickel. Und die Pickel kratzen auf der Haut. Das tut vielleicht weh!

»Huhu, huhu«, brüllt Juppi. »Huhu, huhu.«

Mama und Papa kommen sofort angeflitzt. »Was um Himmels willen ist denn los?«

»Meine Ha…hand«, heult Juppi. »Ich habe meine Ha…hand eingeklemmt.« Er muß schrecklich weinen. Die Nase läuft und alles.

Mama putzt sie ihm mit Toilettenpapier. Das funktioniert ja!
»So ein Theater wegen der blöden Tapete«, sagt Papa. »Laß sie bloß kleben. Hinter der Heizung kann sie ja kein Mensch sehen.«
Trick siebzehn! Trick siebzehn Ah!
»Jetzt mach mal vorsichtig deine Hand auf«, sagt Mama. »Streck die Finger aus. Und jetzt zieh deinen Arm raus.«
»Daß du dich auch so dumm anstellen mußt!« sagt Papa und schüttelt den Kopf.
Wenn man genau hinsieht, dann haben die Heizungspickel Juppis Hand ganz schön zerkratzt.
»Huhu, huhu«, jammert Juppi. »Blu…hut.«
Jetzt kommt nämlich Trick siebzehn noch einmal. Trick siebzehn Be! Es gibt nämlich mehrere Tricks siebzehn. Hat Juppi von Schimmi. Siebzehn Ah, siebzehn Be, siebzehn Zeh und siebzehn Kuh. Siebzehn Ha auch noch. Wenn Juppi Blut sieht, muß er immer losheulen. Ihm

fallen dann eine Menge schlimmer Sachen ein, über die man heulen muß.

»Na, na, na«, sagt Papa. »Ist doch halb so schlimm.«

»Nun hör schon auf«, sagt Mama. »Wir kleben ein Pflaster drauf, und alles ist gut.«

»Huhu, huhu.«

»Meine Güte.« Mama klingt ganz verzweifelt. »Was hast du denn eigentlich? Man kann doch nicht so weinen, nur weil man einen kleinen Kratzer hat! Deswegen geht doch die Welt nicht unter.«

»Ihr glaubt mir ja nicht«, schluchzt Juppi. »Das mit dem Taschentuch. Ich lüge nicht!«

»Ich glaube dir«, sagt Mama und reicht ihm noch ein Stück Toilettenpapier. Für die Nase! Juppi prustet ordentlich hinein. Aber noch kann er mit der Heulerei nicht aufhören.

»Was ist denn los, Juppi?« fragt Mama fürsorglich.

»Huhu, huhu«, macht Juppi. »Ich wollte doch

tapezieren helfen, und jetzt habt ihr alles ohne mich gemacht. Huhu, huhu.«

»Aber nein«, sagt Papa. »Du hast uns doch Arbeit abgenommen und bist Taschentücher kaufen gegangen. Das gilt genauso.«

»Ja«, sagt Mama. »Wenn du nicht einkaufen gewesen wärst, hätte einer von uns laufen müssen. Und wir wären noch längst nicht so weit. Taschentücher kaufen gehört zum Tapezieren.«

Dann ist ja gut. Fast braucht Juppi nicht mehr zu heulen. Nur noch ein bißchen.

»Huhu.«

»Was ist denn noch?« Mamas Stimme klingt schon ganz schlapp.

»Huhu«, piepst Juppi. »Die rote Tapete krieg ich auch nicht. Huhu.«

Mama macht einen langen Seufzer. Papa schnaubt durch die Nase. »Rot!« stößt er aus, als wäre es ein ganz schreckliches Wort.

»Und wenn wir ein ganz leichtes Rot nehmen?«

fragt Mama. »Rosa? Rosa kann auch ganz hübsch aussehen.«
»Rosa«, sagt Papa, und es klingt fast wie nach unten gemiepst.
»Juppi?« fragt Mama.
Juppi nickt. Dann muß er vor Erleichterung lachen. Er prustet aus der Nase und braucht sofort eine lange Schlange Toilettenpapier.
»Ich glaub, der Junge ist einfach müde«, sagt Mama. »Der muß ja Stunden unterwegs gewesen sein. Komm, leg dich hin. Ruh dich aus. Wir werden schon alleine fertig werden.«
Juppi legt sich auf sein Bett. Obendrauf! Nicht rein. Und angezogen ist er auch noch. Er ist doch schon viel zu groß, um Mittagsschlaf zu halten.
Mama klebt ihm ein riesengroßes Pflaster auf den Handrücken und streicht ihm über das Haar.
»Das ist sehr freundlich von dir«, sagt Juppi.
Mama schaut ihn mit großen Augen an, als würde sie Juppi nicht wiedererkennen. »Tapferer kleiner

Tapezierer«, sagt sie dann, bevor sie ihn alleine läßt. Aus Juppis Mund entwischt noch ein letzter, einsamer Schluchzer. Er greift in seine Hosentasche und legt den kleinen Gorilla neben sich, deckt ihn vorsichtshalber mit der Bettdecke zu. Wer weiß, vielleicht kriegt er noch eine

Lungenentzündung vom Liegen auf der feuchten Wiese.
Juppi läßt sich den Tag durch den Kopf gehen. Das Leben ist ganz schön schwierig. Von hier bis zum Kindergarten geht's ja noch.
Aber dann.

Wenn er Bello nicht gehabt hätte! Es stimmt schon: Der Hund ist der beste Freund des Menschen. Also muß Bello jetzt an die erste Stelle kommen. Zweitbester ist der kleine Gorilla. Und erst dann kommt Yvonne.

DAGMAR CHIDOLUE

Millie in Paris

Millie auf Mallorca

Millie feiert Weihnachten

Millie in Italien

»Dagmar Chidolue hat eine erstaunliche Begabung, mit Worten zu treffen, was die Kleinen (oft im Gegensatz zu den Grossen) denken und fühlen, was ihnen bemerkenswert scheint und was nichtig.«
Hannoversche Allgemeine Zeitung

DRESSLER